잊혀지는 향기

잊혀지는 향기

김정영 시집

도서출판 book소리

시인의 말

머리글

머리글

시니어(Senior) 고개를 넘으며 그동안 잘 살아 왔는지? 무엇을 하며 살 것인가? 어떻게 살 것인가?
많은 과제로 고민을 해 왔습니다. 지나온 세월은 앞만 보며 꿈을 찾아 숨가쁘게 살았지만, 늘 함께했던 주위사람들과 이별의 아픔은 건강 우선의 삶을 살게 하고 있습니다. 더불어 평안을 찾는데 도움을 주었던 게 바로 詩와의 만남이었고 마음이 아플 때 함께하는 삶이 되어 시집을 내게 되었습니다.

詩와 삶에 대한 나눔을 실행하면서 마음속에 꿈틀대던 문학적 상상력이 발동되면서 치유도 되면서 새로운 희망과 에너지를 충전할 수 있는 계기가 될 수 있었습니다. 더욱이 몇 년 전부터 지인 시인들과 동아리 활동을 통하여 공저로 꽃피는 삼행시 출판, 꽃피는 사행시를 출판하였고, 요즘에는 디카시 출판 준비를 하고 있습니다. 금번 시집은 공저를 포함 5번째 시집이 되는 계기가 되었습니다. 그동안 시를 접하면서 심신에 치유의 힘이 매우 크다는 생각이 듭니다.

그동안 써왔던 시를 인생길의 시니어 세대를 중심으로 의미를 각각 부여하고, 삼행시, 사행시, 디카시를 구분하여 "잊혀지는 향기" 라고 이름 붙여 세상에 내놓게 된 것입니다.

그동안 시쓰기에 골간이 된 것은 평소 귀감인 인문주의 사상가인 칼 힐티(Carl Hilty)의 행복론입니다.
그는 행복론에서 신앙, 자기수양, 타인을 위한 삶, 실천적 지혜, 그리고 내면의 평화를 핵심으로 행복을 찾았습니다.
즉, 단순히 즐거움이나 성공이 아닌 의미와 목적을 갖는 삶에서 비롯되는 깊은 만족과 평온함이 진정한 행복이라는 그의 사상은 많은 울림을 주었습니다.

무기력한 나 자신을 늘 안타까워했는데, 이번 시집이 태어나는 과정을 바라보면서 많은 희망과 에너지 충전의 계기가 되었다는 사실입니다. 시를 접하면서 많은 위안이 된 것이 정말로 고마웠습니다. 다수의 독자에게 저의 모든 것을 보여드릴 수 있는 계기가 되기를 기대합니다. 더불어 함께 호흡하는 계기가 되기를 바랍니다. 본 시집을 내는데 수필가이고 목사님이신 박종규 시인님의 지속적인 응원 및 격려 감사드리고 저를 도와주신 많은 분께도 깊이 감사드립니다.

2025년 여름에
우담 김정영

CONTENT

머리말 5

제1부 아버지 은혜 17

아버지 은혜 19
마스크 눈빛 20
봄 21
저세상의 부모 22
군자란꽃 23
봄 향기 2 24
삶의 공허 25
아파트 숲길 26
나의 인생 27
포항 바다에서 28
봄향기 29
꽃들이 뽐내다 지다 30
공주 말티즈 31
자식 33
주인 길들이는 강아지 34
그리운 연인 35
한반도 빛 36
행복한 길 38

제2부 행복한 노후 39

행복한 노후 41
해바라기꽃 42
건강 걷기/ 43
여름 태풍 44
저세상 꽃 45
병상 46
여보와 나 47
이야기 나누고 싶다 48
사랑하는 사람 49
알 수 없는 고민거리 50
솔솔바람 51
욕심 52
당신에게 내가 원하는 건 53
만나다 55
아름다운 사랑 57
인생길 58
사랑의 마음 59
흔들리다 60
자신의 길 61
배추 인생 62
노을 63

제3부 동행길 65

동행길 67
캔맥주 69
예쁜 별 70
도토리 71
당신 72
가을 마음 74
가을 이야기 75
詩 마음 76
노년으로 살아가기 77
산바람 소리 78
들꽃 향기 80
나무 82
낙엽 83
가을 인생 84
낙엽을 보며 85
가을이 가고 겨울이 온다 86

제4부 마음 편하게 살자 87

마음 편하게 살자　89
까치　90
만남 심정　91
잠자리　92
모닝커피　93
행복한 꿈　94
화살 같은 세월　95
겨울 준비　96
겨울을 맞이하다　97
그 사람　98
홀로서기　99
겨울이 어둡다　100
해 지는 고향　101
잎새　103
희망이 흐른다　104
파도 물결　106
가슴에 쓰는 겨울 시　108
그런 사람이 그리워진다　109

제5부 삼행시 111

자전거/행복해 113
마침내/첫생일 114
무지개/꽃상추 115
지각생/반갑다 116
또바기/기상청 117
건전지/애국가 118
대기업/솔찬 119
교례회/축하해 120
안개속/설마리 121
칼국수/모꼬지 122
노동자/오월달 123
강원도/휴지통 124
멘토링/삼송역 125
일요일/김정영 126

제6부 4행시 127

삼사일언/천태만상 129
감정이입/노심초사 130
금시초문/인생역전 131
천하일미/금상첨화 132
화양연화/금란지교 133
함허동천/사필귀정 134
이심전심/일취월장 135
추풍낙엽/살생유택 136
백인삼성/기절초풍 137
일어탁수/허심틴회 138
산하풍월/삼인성호 139
낙화유수/근하신년 140

제7부 디카시 141

삶 143
숲속나무 144
한강 145
으뜸 146
물줄기 147
기둥 148
숲반영 149
조각상 150
역지사지 151
석양 152
시작이다 153
새한마리 154
사랑열매 155
함께 156
왜가리 마음 157
빈둥지 그리움 158
사랑 159
황혼 노을 160
그대 모습 161
아우르다 162

에필로그 163
시인 김정영 프로필 166

제1부 아버지 은혜

아버지 은혜
마스크 눈빛
봄
저세상의 부모
군자란꽃
봄 향기 2
삶의 공허
아파트 숲길
나의 인생
포항 바다에서
봄 향기
꽃들이 뽐내다 지다
공주 말티즈
자식
주인 길들이는 강아지
그리운 연인
한반도 빛
행복한 길

아버지 은혜

카네이션 한 송이
달아 드린 것이 엊그제 같은데
아버지 얼굴은 희미합니다

아버지 생전에
사랑만 받고 살았건만
은혜 보답할 길이 막혔습니다

논길 밭길 따라
보릿고개 숨 만 쉬고
그때 그 시절
아버지 생각이 납니다

자식을 보니
살아 계실 때
잘 모시지 못한 것이
낮과 밤으로 후회스럽습니다

마스크 눈빛

코로나19여!

손 씻고 마스크 쓴 눈빛

기분과 감정이 보이는 눈빛
바람을 내비치는 눈빛

마스크 안에 감춘 표정과 감정도
눈빛에서 웃고 있는지 기뻐하는지
다 보이나 슬픕니다.

봄

내 곁에는 벌써
봄이 왔는데

내 마음에만
봄이 얼었나 보다

얼은 내 마음에도
사랑이 충만한 봄이 오길

베란다 화초를 매만지며
사랑의 봄을 심는다

저세상의 부모

젊은 시절 부모는
가슴이 넓은 바다

말로만 들어도 부모는
설레는 그리움

떠나고 난 부모는
눈물을 가져오는 찡한 가슴

문득문득 생각 난 부모는
저세상의 깊은 사랑의 깨달음

군자란꽃

몇 년 만에 핀 꽃!
햇볕에 더욱 빛나고

햇볕이 친구가 되어주고
산들바람이 친구가 되어주고

온 가족이 모두 너의 친구가
되어주니 넌 외롭지 않아 보이네

베란다의 군자란꽃!
너는 모든 사랑을 받고 행복한가

많은 시간 길이 살기 바라네
희망 수명이 나의 삶인 것 같구나

봄 향기 2

찬바람 서서히 지나고
눈 부신 햇살이
살며시 다가와 주니

봄 향기 창가에서
나풀나풀 춤추고
이 마음 동심으로 가고

봄 향기 끌어안고
명지바람 유혹에
내일의 꿈을 그리며
하루를 망상에 젖는다

삶의 공허

가진 것 모두를 주어도
채워지지 않는
사랑의 마음

가진 것 모두를 받아도
채워지지 않는
사람의 마음

마음은 사랑이고 싶지만
몸은 갈증스런 사람의 마음
사랑의 마음이
공허한 삶의 길목에서 운다

아파트 숲길

은행잎 낙엽 되어 우수수 떨어지는 아파트 숲길
흩어져 날리는 낙엽 하나하나
발아래로 떨어진다

차마 밟는 것이 죄짓는 것 같아
한 발짝 깡충 뛰어 보지만
또 다른 낙엽이 밟힌다

낙엽들은 그냥 빗자루에 쓸려 마대 포대에 담기느니
내 발자국에 한 번 밟히기를 원하는지 모른다
나는 낙엽을 밟으며 앞으로 나아간다

낙엽이 내게로 달려와 밟히는 까닭은
마지막 살기 애걸인지
그동안 수고했으니
앞으로 사는 인생
즈려밟고 꽃길만 걸으라는 뜻인지 모르겠다

나의 인생

셀 수 없이 앞을 가로막는
거센 비바람과 폭풍
나를 단련시킨 삶이고 힘이 되었어

인생의 삶에 어찌 좋은 길만 있으랴
주어진 삶에 감사하며
가시밭길의 힘든 일 있어도

고난의 언덕을 넘어
가시밭길의 바위산을 넘어
희망찬 내일을 향하여
언제나 밝고 맑은 마음으로

불의에 타협하지 않으며
정도를 향하여 굴하지 않고
나의 인생을 달려가리라

포항 바다에서

오랜만에 간 바다여
너는 나를 부른다
너는 나를 유혹한다

넓고 풍만한 가슴으로
너는 넓은 도량과 사랑이 있기에
사랑이 고플 땐 서슴없이 달려간다

갈매기 벗삼아 추억에 잠기며
평화의 노래를 하며
풍만한 너의 가슴에 얼굴을 묻는다

너는 나 외로울 때 파랑색으로 채워주는
너의 넓고 넓은 풍요함이여
나의 사랑하는 바다여

봄 향기

이 세상에
혼자 피는 꽃은 없어

나비가 왔다 갔거든

이 세상에
혼자 지는 꽃은 없어

바람이 다녀갔거든

꽃들이 뽐내다 지다

다투어 뽐내다가 훅 사라지는 꽃들
까닭 없이
뽐내는 꽃들이 서러워진다

어느 봄날엔가
꽃들은 떠났고

그 후로도
꽃들은
어김없이 달려와 몸을 풀었지

지상의 외진 마음에도
꽃들은 뽐내며 폈다 졌지
이별 후에야 그리워져서
마음이 아프다

공주 말티즈

십여 년을 같이 한 공주
예쁜 눈과 하얀 비단옷을 입은 듯이
빛난 우리 공주여!

눈을 맞추며 누워 뒹굴며 꼬리치던
너의 모습이 잊을 수가 없네!

사랑도 해 주었지만
생각이 다르다고 많이도 때린 내 자신이
얼마나 부족한가 반성한다

특히 논문 쓸 때
밤새 같이 지새며 졸고 있는 너의
모습을 보며 용기를 내곤 하였단다
네가 없는 지금도 그 생각을 하며
눈물을 흘리곤 한다

보내고 싶지 않았는데

간 너를 생각하며 하늘나라에서 행복하시게

수 세월 후 우리 만나 행복한 사랑을 나누자

자식

밤꽃은 가까이 가야
냄새가 향기롭고

단풍은 먼 곳에서
보아야 예쁘지만

내 자식은
가까이서도 멀리서도
사랑스럽다

주인 길들이는 강아지

주인이 집에 오면
꼬리 흔들어 반겨주고

간식을 들고
부르면 안기고 꼬리 흔들고

빈손으로 부르면
때로는 못본 척
안들리는 척 하기도 해

주인이 기운이 없어 보이면
슬픈 표정으로 눈을 맞추어 줘
그래서 주인은 너만 찾는다

그리운 연인

여명과 노을 사이에
밀려오는 따뜻한 햇살
그 곳에 머물고 있는 그리운 연인

애타는 마음에 밤을 지새우고
별과 달을 사랑하듯
삶의 빛이 되는 그리운 연인

항상 가까이서 지켜주는
건강을 지켜주는 따뜻한 햇살
그리운 연인은 삶과 마음의 태양

한반도 빛

1919년 건국 100주년
수많은 열사의 외침
제암리 학살
그날의 기억은 슬프다

3.1 운동은
우리 골육의 들녘을 밟아 보고자
우리 맑은 하늘을 처다보고자
차라리 아비규환이라 부름이 마땅함이라

가냘프고도 힘겨운 외침과
끼니조차도 빼앗겨 버린 배고픔에도
냉랑한 바닥에서 죽음의 신음으로
우리는 한 맺힌 눈물만 흘려야 했다
골골이 맺혀있는 핏방울의 한은
가슴 가슴에 맺혀있는 눈물의 원한은

억겁의 세월을 두고 돌아도 어이 풀리리
어느 날 백의민족이 한반도를 감싸 돌고
아리랑 소리가 동방으로 울려 퍼지는 날엔
그 영원한 찬란한 햇빛이
이제, 우리의 대한민국을 굳게 비치리라

행복한 길

혼자 걷는 길에는
외로움과 그리움이 있고

둘이 걷는 길에는
미소와 사랑이 있고

셋이 걷는 길에는
웃음과 우정이 있고

다 함께 걷는 길에는
나눔과 고마운 마음이 있고
초록잎이 펼치는 행복한 길이 움튼다

제2부 행복한 노후

행복한 노후
해바라기꽃
건강 걷기
여름 태풍
저세상 꽃
병상
여보와 나
이야기 나누고 싶다
사랑하는 사람
알 수 없는 고민거리
여름 태풍
솔솔바람
욕심
당신에게 내가 원하는 건
만나다
아름다운 사랑
인생길
사랑의 마음
흔들리다
자신의 길
배추 인생
노을

행복한 노후

많은 사람이 노후 걱정
돈 명예 집착
재산증식 집착한다고
노후 준비가 끝나는가

아무리 재산이 많아도
건강한 몸과 마음이
편하지 않으면
불행해지니까

행복은 건강한 몸과
고양된 마음이
욕심과 집착을 버리면
행복해지니까
행복한 노후는 건강한 몸과 마음입니다.

해바라기꽃

긴 장마가 끝나고
키 큰 해바라기꽃

냇가 개울물 바라보며
생각 없이 멍하니 있다

세상살이 힘겹게
세상 끝 어둠 속에서 몸부림치다가

간신히 정신 차리니
나를 보며 웃어주는 반가운 해바라기꽃

건강 걷기

걸을 힘이 없어도
걸어라
걷다 보면 힘이 생긴다

최선을 다하여
걸으라
걸을 수 있는 힘이 생긴다

걷기를 즐겨서
걸으면
마음도 몸도 건강해진다

여름 태풍

큰 눈 부라리며
산천초목을 호령 치면

산과 바다 소스라쳐
제 한 몸 못 가누고

장대비 할퀴고 간 자리
여기저기 시름겨워 울고 있다.

수마가 대들어서
한바탕 부린 광끼

상처만 남겨놓고
훌쩍 떠나니 야속하구나
진즉에 알았다면 안 만날 것을
어쩔 수 없는 내 자신이 한탄스럽다

저세상 꽃

겹겹이 쌓였던 눈물 둑이 무너져 내리고
서러움의 눈물이 흐릅니다

당신의 하얀 마음처럼 뽀얀 솜구름이
그리움으로 다가올 줄 몰랐습니다

당신이 두고 간 자리가 못이 되어
그리움의 들꽃 언덕을 오릅니다

당신의 목소리가 듣고 싶은데
들리지 않는 귀 소리에 통곡합니다

저세상 끝에서 흐르는 눈물
저세상 꽃 당신이 보고 싶습니다

병상

한 줄기 비치는 암울한 시대
그때가 지옥인 줄 알았어

세상은 온통 깜깜하고
보이는 것은 아무것도 없었다

돌아보면 가슴 한편에 걸리는 사람
혼자서는 아무것도 못하며

희망없이 하루를 견디는 그 사람을 보며
눈물은 강물이 되어 흐르고

날 바라보는 그 눈길을 채워줄 수 없는 안타까움에
가슴에 못이 박히는 고통의 뒤안길에서
진전없는 안타까움에 빛을 찾으려 발버둥친다

여보와 나

여보와 나는 나무와 바람처럼 살고 싶었습니다.

여보는 나무 되고 나는 바람 되어
당신에게 그늘이 되게 하고 싶었습니다

비 내릴 때 여보의 우산이 되고
눈 내릴 때 여보 곁에서 함께 보며

비바람 눈보라에도 변치 않는
여보와 내가 되기를 바랬습니다

맑은 날이면 살랑살랑 바람 되어
여보에게 해맑은 미소
호탕하게 웃는 행복을 꿈꾸었습니다
언젠가는 헤어질 것을 염려하였지만
이별이 상처 되지 않기를 간절히 원했습니다
이렇게 빠를 줄은 몰랐습니다

이야기 나누고 싶다

마음 넓은 사람을 만나
재미있는 이야기를 나누고 싶다

주님을 닮은 사람을 만나
희망을 이야기하고 싶다

백두산을 닮은 사람을 만나
높은 이상을 이야기 하고 싶다

마음 통하는 그 사람을 만나
커피향 그윽함으로 잔잔한 이야기 나누고 싶다

이야기 하고 싶다
눈길 머무는 바람으로
그 사람과 밤낮으로 만나고 싶다

사랑하는 사람

그냥 보낸 인연이 있습니다
기다리는 사람이 있습니다

아침 햇살 창가에
저녁노을에 보고픈 사람이 있습니다

소소한 얘기 나누며 해맑은 미소
보고픈 사람이 있습니다

가을 향기에 스산한 기온
커피 한잔하며 보고픈 사람이 있습니다

미련 같은 그리움으로 기다리는
그리운 사람이 있습니다
그리운 당신이 보고 싶습니다

알 수 없는 고민거리

한이 깊어 속을 태워도
그대는 알 수 없으니

누구를 원망하겠나
닥치는 운명인 것을

내 마음 깊은 곳에
숨어 있는 고민거리 있네

두려운 그루터기에
도와주는 사람 드물고

거센 바람을 맞으면서
강을 건너고 산을 넘어왔으나
아직도 그대로 남아있구나

솔솔바람

바람이 분다
안주할 곳을 찾지 못해
떠돌며 떠돌며

바람이 분다
세월이 바뀌고 시대가 바뀌어도
언제까지 다시 찾는 너

네가 스쳐 간 자리에
네가 묻혀 온
향내를 남기고

바람이 분다
네가 있기에 마음이 들뜨고
우리 솔솔바람 좋은 기분을 만끽하자

욕심

욕심은 끝이 없고
불가사의 같아
스스로 만든 욕심
굴레 되어 쌓이고

가지면 가질수록
더 갖고 싶은 욕심

공허한 마음에
지친 몸 뉘니

소유하지 않는 것이
진정 소유하는 속삭임이
구름 되어 두둥실 흐른다

당신에게 내가 원하는 건

당신에게 내가 원하는 건
좋은 음식에 많은 가지 수가 아닙니다
밝은 얼굴에 희망찬 목소리요
같이 잠 깨 맛있게 먹기입니다

당신에게 내가 원하는 건
삶의 파도에 거칠어 가는 당신이 아니요
웃음 머무는 잔잔한 평화입니다
맞잡은 손의 따뜻한 느낌입니다

당신에게 내가 원하는 건
너무 많은 고생과 삶의 역경으로
많은 추억과 건강을 지키지 못하였습니다
애달픈 후회로 건강을 지키는 것입니다

당신에게 내가 원하는 건
하루하루가 끝난 저녁

서쪽 하늘에 뜨는 작은 별들을 세며
함께 보고 노래하며 이 세상의 꿈을 꾸는 것입니다

만나다

우연히 당신을 만났습니다

당신과 만남은
내 인생에 축복입니다

그대는 나에게 빛을 준 사람
해와 달을 알게 한 사람

나는 당신을 사랑합니다

수많은 사람들 중에서
당신과 만남이

내 인생에
전부가 될 줄은 몰랐습니다

나는 오늘도 구름위 당신을

보고 또 보고 눈물을 흘립니다

아름다운 사랑

사랑이란
자신과 다른 방식으로 느끼며
다르게 살아가는 사람을 차이를
이해하고 기뻐하는 것이다

아름다운 사랑은
자신과 닮은 사람을
사랑하는 것이 아니라

자신과는 대립하여
살고 있는 사람에게
기쁨의 다리를 건너는 것이 사랑이다

이를 부정하는 것이 아니라
그 차이를 사랑하는 것이다

인생길

흘러가는 계절도
구름과 함께 흘러간다

좋은 사람과 만나기도 하고
나쁜 사람과 만나기도 한다

좋은 만남은 시간이 아쉽고 즐겁다

나쁜 만남은 시간이 아깝고 심신이 힘들다

인생은 여행길
좋은 사람 나쁜 사람 알 수 없고

인생길은 잠시
왔다 가는 소풍 같은 것
콧노래 부르며
건강하게 운동하며 잘 살다 죽자

사랑의 마음

사랑한 날이 얼마나 될까?
사랑할 날이 얼마나 남았을까?
아프지 않고 슬프지 않고 마음이 편할 날은
얼마나 남았을까?

바라보기만 해도 마음이
따뜻한 날은 얼마나 남았을까?
사랑하기 때문에 헤어진다는 날은
이해할 수는 있으나

사랑하는 사람이 헤어진다는 것은
자신의 상황에서는 납득이 안되곤 한다.
의문에 대한 답은 세월이 흘러간 다음에
이해되는 것이 사랑의 마음이라고 헤아려본다

흔들리다

인생이 앞만 보며
가는 인생이라면
아픔도 회한도 적을 것이다

세상에 흔들리지 않는 것이 있느냐
정에 흔들리고
외로움에 흔드리고

두려움에 흔드리고
삶과 죽음에 흔들리고
조금씩 흔들이며 가는 것이 삶이지

갈대가 흔들리다 제자리로 돌아와
자신을 가다듬듯이
그 참담한 통한의 아픔을 통해서
아름다운 눈물들이
꽃으로 피어난다

자신의 길

밖에 무언인가 있는 줄
우주 너머 동경 신비 느끼나
내 주변에 길이 있습니다

내 안에 있는 길이
최선일 때가 많습니다

그 길은 수없이 고민하고
경험하고 들여다본 결과로 보이고
내면이 강해야 얻어집니다

무던히 아프고
느끼고 깨달아
언젠가 찾아 오는 것입니다

배추 인생

괭이로 다듬어진 텃밭
씨 뿌려진 작은 봉투

갈 빛에 고갱이 채우고
한가위 지나 푸른빛을 두른다

초겨울 아침 서리 기운에
온몸 부르르 떨고

밤 가고 아침이 와
칼날이 밑둥치 자르고

오가다 머무는 눈빛으로

마늘 고추 소금 여러 친구와 함께
내 인생도 더불어 하늘을 본다

노을

혼자 있을 때
당신과 맺은 인연을 골똘히 생각하면
내 마음이 유쾌해집니다

내게 행운이 있어
당신과 좋은 인연으로 인해
행복이 움트고 있음 실감합니다

때로는 원하신다면
당신의 그림자라도 되어
사뿐사뿐 따라다니고 싶어집니다

좋은 당신이 내게 존재하므로
내 마음이 단출해지고 행복해지고
큰 부자가 되었습니다

당신이 하도 좋아서

해거름에는

내가 당신 곁에 머물 수 있는

아름다운 노을이고 싶습니다

제3부 동행길

동행길
캔맥주
예쁜 별
도토리
당신
가을 마음
가을 이야기
詩 마음
노년으로 살아가기
산바람 소리
들꽃 향기
나무
낙엽
가을 인생
낙엽을 보며
가을이 가고 겨울이 온다

동행길

손톱과 발톱 엊그제 깎았는데
몇 밤 새면 자라나 깎아야 한다

그리움만큼 크는지 슬픔만큼 크는지
살 색으로 물든 채
또 이만큼 자라있다

세월 따라 나이는 쌓이고
내 몸은 늙어 가는데
손톱 발톱은 늙지도 않고

발톱은 시퍼렇게 멍든 채로
일부는 하얀색을 띠며 병변이 나타나고
걱정은 안중에도 없고 계속 자라고 있다

쓰디쓴 과거만큼
잘라낸 과거만큼

인생 소용돌이 속에서도
자라고 잘라내며 고통도 함께 짊어지며
늙음으로 가는 삶에 동행 길이 되고 있다

캔맥주

전 세계 팬데믹
모임을 가질 수 없는 상황에서
호감 가는 녀석이 캔맥주란 놈이다

시원한 캔맥주
온갖 시름과 외로움을 달랜다

세상의 모든 쓴 고생을
모두 내가 떠맡듯
한숨 속에 시원한 캔맥주 시름을 달랜다

예쁜 별

석양이 진홍빛으로 물들은 서쪽 하늘
창가에 기대인 예쁜 소녀처럼
저녁별 빛난다

사랑과 휴식의 별
빛나는 옷 벗어 던져
어두운 나무 그림자 뒤로 몸을 누인다

단잠과 부드러운
사랑의 꿈이 덮쳐
내 사랑의 새벽 별

하늘의 예쁜 별처럼
밤이면 그대 쉬러 가고
어두운 창가에 불빛이 사라진다

도토리

보이지 않는 생각
부드러운 도토리 느낌

보이는 도토리
때굴때굴
어릴 때부터 안전모 썼네

보이는 거 보고 살았네
보이지 않는 도토리 느낌
모처럼 느꼈네

부드러운 도토리 느낌
안전모 쓴 도토리 모습 느낌
무의식의 자신을 다시 찾으라고

당신

어두운데 밤잠이 안 오고
내가 깨어 있는 것은
당신을 향한 보고 싶음이고

당신 꿈꾸며 낙엽을 헤아림은
당신을 그리워하는 마음이고

음악을 들으며 좋은 생각으로
그대를 찾는 것은 당신 추억이 깃 들여 잊혀지지 않고

알 수 없는 이끌림으로 달리는 이 마음은
당신을 향한 내 믿음이며

어제 꿈에 나타나 여보! 여보! 부른 순간
잠 깬은 현실 세계와 타협이고

하느님의 영역 안에 수많은 마음을 소통함은
당신에게로 향하는 나의 사랑입니다

가을 마음

스산한 가을
아직 겨울은 이르지만
마음은 벌써 썰렁하고 쌀쌀하네
젊음과 봄은 어디에나 있으나
나만이 늙어 버렸구나

새들은 하늘로 창살처럼 날고
쉬지 않고 노래하며 집을 짓는데
내 외로운 가슴 말고는
삶은 어디에나 약동하고
조용하구나.

죽은 잎들 떨어져
서걱 서걱거리는 소리
곡식 타작하는 소리 추억되고
방앗간의 중얼거림도 들려오지 않네

가을 이야기

가을 속에 숨어 있는
따뜻한 이야기

인생을 낙엽에서 보면
흐느낌과 아우성이 보이고

정 떠난 낙엽
사색을 도우는 계절이여

열심히 살아도
인생은 가을이 오고

겨울이 오는 길목이니
새로운 세상을 맞을
마음 다스림이 흐르고 있다

詩 마음

안 보이던 석양이 아름답게 보인다
노을 속에 그대 얼굴이 보인다
그래서 노을 지던 석양이 아름답게 보인다

길가에 코스모스 산들거리며 웃고 있다
그대가 흔들던 조그만 하얀 손이 보인다
그래서 코스모스들이 웃었던 모양이다

언덕에서 종이 한 장 들로 힘껏 외쳤다
종이에 그대 이름이 씌어 있었다
그래서 난 힘껏 외친 모양이다

바람 부는 날 하얀 종이에 글을 썼다
하얀 종이 위에 슬픔이 짙어져 갔다
그래서 펜을 들고 시 마음이 생긴 것 같다

노년으로 살아가기

어떻게 늙어야 하는지 알고 있는 사람은 드물다

어떻게 늙어야 할까
살아온 내력이 모습 고스란히 드러난다고 하는데

고집쟁이로 보이지 않고
오만해 보이지도 않고
욕심 많아 보이지도 않고
편하게 보이면서 있어 보이고
건강하게 보이고

이런 멋진 이력을 보여줄 수 있는 얼굴
결국 모든 건 마음 먹고 행동하기 나름이다

잘살아왔다
건강하고 사랑하는 마음이 있는
여전히 잘살고 있다는 자신감 비치는 노년이겠다

산바람 소리

어느 우울한 하루 산에 올라
귀로 들을 수 있는
산바람 소리

아득한 바람 속에
비비새 짝짓는 소리

숲 그늘 암수 나무끼리
비벼대는 그리움 삐걱 소리

저토록 찬란한
소리의 춤을 구경할 수 있는
넉넉함이 있어 즐거운 시간

나는 아주 부유하게

탐하지 못할 신선의 경지에 올라

부채 산바람 소리 내며

양반다리를 틀다

들꽃 향기

들길에 꽃이 피었다
작아도 눈길을 끄는 꽃

어린 임금의 비애가 서린
영월 장릉 옆 물무리골 생태습지로
물매화를 만나러 갔었네

물매화는 간데 없고 들꽃 반기네
가을 끝자락 밟아간 터라
이미 지고 없는 것은 아닐까
조마조마했는데

간절한 내 마음 아는 듯
함초롬히 피어 있는
많은 들꽃이 피었네

먼 길 찾아온 나그네를

수줍게 반긴다

나무

봄비 맞고
뿌리 내리고

여름비 맞고
나뭇잎 자라고

가을비 맞고
단풍잎 되고

겨울 눈 앙상한 가지 흰옷
나를 닮았다

낙엽

푸르던 너는
이제 네 몫을 다 했구나

바람에 밀려온 낙엽아
낮은 골짜기에 자리 잡았네

붉은 옷으로 갈아입고
영원 속으로 떠나는 길에
나를 만나 위로를 하느냐

시간이 흐르면
낙엽 아닌 것이 어디 있더냐
너처럼 겨울잠이 가까워지니
같이 있는 지금이 좋다

가을 인생

가을 추수가 끝난 들판에
새들을 위한 겨울 밥으로 벼를 남겨놓고

오롱조롱 달렸던 감을 딴 나무에
까치들을 위해 홍시 몇 개 남겨놓은 것이
농부의 따뜻한 마음이 다가옵니다.

돌아보니 멀리도 왔네요
인생의 길가에 붉은 단풍잎들이
손을 흔드는 가을입니다.

다가오는 무서리 내리고 하얀 눈이 내리는
인생의 겨울이 오더라도

따뜻한 시 한잔 나눌 수 있는 시 쓰기 식구들과
함께 눈 맞추며 걸어가렵니다.
길이 끝나고 다시 이어지는 길이 끝날 때까지

낙엽을 보며

아파트 시멘트 바닥에 떨어지는
낙엽이 하도 고와

우수수 쌓여만 가는데
부분 부분 쓸리고
남은 낙엽 두고 보네

하늘은 높아가고
맑은 바람은 시원하고
문득 그대가 보고 싶어지네

경비아저씨 대빗자루 들고
쌓인 잎들을 쓸어가네
낙엽이 길을 덮어 행여
그대 오는 길 잃을까 봐
외로이 오만가지 생각한다

가을이 가고 겨울이 온다

어려운 학업을 마친 소년처럼
가을이 의젓하게 가고 있다

푸른 모자를 벗어가며
맑은 눈 청초한 얼굴이
초겨울 문턱에서 희미한 얼굴 눈이 침침해진다

그동안 단풍잎 뿌리던 가을이 간다
먼 곳을 돌아 돌아 겨울이 온다
시 쓰기 수료 날이 다가온다

제4부 마음 편하게 살자

마음 편하게 살자

까치

만남 심정

잠자리

모닝커피

행복한 꿈

화살같은 세월

겨울 준비

겨울을 맞이하다

그 사람

홀로서기

겨울이 어둡다

해 지는 고향

잎새

희망이 흐른다

파도 물결

가슴에 쓰는 겨울 시

그런 사람이 그리워진다

마음 편하게 살자

마음이 편해지려면
근심 걱정이 없어야 한다

근심 걱정이 있으면
마음이 불편하고 식사와 잠을 잘 수 없고
마음이 불편하고
대부분은 근심 걱정거리도 아닌 것을 고민한다

세월이 지나면 해결이 되는 것을 알면서
걱정한다

마음가짐을 어떻게 가지느냐에 따라
마음 편하게 살 수도 있고 불편하기도 하다

까치

기다리지 않아도 그리움은
순한 걸음걸이로 다가선다

저 멀리 낮은 하늘 끝
노을에 묻혀 넘어오는 작은 소식하나

서투른 곡예사의 발놀림으로
바람에 기대어 그리운 사람에 실어 간다

귀염둥이 소식 배달부가
천덕꾸러기가 되어 생사를 가름하며
빈 둥지에 바람만 드나든다

만남 심정

오래 못 만나다가
마침내 우리 다시 만나는
이 만남은 기쁨인가
슬픔인가

인생의 나무는 뒤흔들리고
많은 잎들은 어느새
하나둘 떨어지는 소식 들네
나뭇가지 사이로 훤한 잎

우리는 옛날처럼
귀에 익은 말씨로 인사를 나누며
비록 말은 않지만 서로 생각하네
어쩌면 그렇게 늙고 빠진 머리에
백발이 되어 간당간당하냐고

잠자리

밤이여, 나를 잠재워다오
그대 목소리 나직한 풍금소리여

현악기 수금의 우아함과 부드러운 느낌이
깊은 잠에 빠지게 했듯이

나는 너무 많은 고뇌와 수고로
짓눌려 피곤하구나
너무 많은 근심으로 마음 산란하구나

머리엔 고뇌의 왕관이 씌어져 있고
그대 부드러운 미소와 손을 이마에 얹어다오
뒤척이는 잠자리 벗어나 평온한 잠자리가 될 때까지

모닝커피

하루 시작 즈음하여
가만히 조용히
나를 열어 주는 열쇠

비가 오나 눈이 오나
바람이 불어도
슬퍼도 기뻐도

내 하루 출발선에서
정신 줄 잡아주는
너는 나의 그림자

행복한 꿈

행복한 삶을 살고 싶다
지금껏 추구해 왔던 것들을
푸른 구름 속에 묻어 두고

새로운 모습으로 살고 싶다
소박한 저녁을 맞고 싶다

지구의 모든 것이 정적에 싸여도
새하얗게 밤을 울리고 싶다

바보처럼 살고 싶다
어떤 것에도 슬퍼하거나 실망하지 않고
해맑은 미소로 일관하는 행복을 찾고 싶다

화살 같은 세월

뒤척이다 눈을 뜨면 아침이고
돌아서 머뭇거리다 보면 저녁이고

월요일인가 하면
벌써 주말이고
어느새 다음 달이 다가오고 있다

세월이 빠른 건지
내가 급한 건지
아니면 삶이 짧아진 건지

마음속의 나는 그대로인데
칠순이 되었는데
코로나 팬데믹과 더불어 그냥 지나는구나
세월은 화살같이 빨리도 간다

겨울 준비

겨울 낙엽이
거의 비었다

겨울 들판이
텅 비었다

산과 들이쉬고
풀 들도 쉰다

나무들도 쉰다
햇볕도 느리게 살짝 비춘다

겨울을 맞이하다

파르르 가녀린 눈썹을 떨며
그렇게 몇 차례의 고통을
까마득한 고통으로부터
걸어 나와 눈을 뜬다

대지가 흔들릴 듯한 진통을 겪고
망설임도 없이 내 맘으로 휙 긋고
지난밤 깨어진 꿈 조각들을 모으며
발버둥을 치고 있다

채 가시지 않은 어둠
눈물로 씻어 내고
혼돈과 혼란 끝에 서서
이 생각 저 생각 하얀 꿈 스케치하며
완연한 자신의 빛깔로 세상을 연다

그 사람

아무도 없이 외로울 때
조용히 나의 창문을 두드리며
묵묵히 나를 위해 기도하던 사람

아픔과 슬픔이 겹겹이 있을 때마다
고요히 바다가 되어 나를 씻어준 사람

아무도 사랑하지 않는 자를 사랑하는
기다리기 전에 이미 나를 사랑하고
사랑 열매를 따다가 사라진 그 사람

홀로서기

그가 떠난 자리에
이렇게 먼지만을 쌓고 있다

먼지에 깊은 우정과 사랑이 있고
입김 불어 날려 보내지 않음은
남은 숨결 날려 보낼까 함이다

먼지 쌓여 감은
널 뺏은 세상과 금 그으려 함이요
그대 자취 하얗게 덮어두려 함이라

그대 자리를 쓸어대는 바람을
차마 막아서지 못하는 것은
아마도 이것이 하늘의 뜻이리라
애써 체념하려 함이다

겨울이 어둡다

안방 아랫목에 묻어놓은 방구리
세 식구 감싸 안은 익어 가는 술 내음에
할아버지 취하시어 코를 고시고
댓돌 위에 쌓인 눈빛 들창을 비추는데

바람벽에 기댄 등잔 구부러진 등허리 콩기름 불빛은
할머니 눈길 마냥 흐릿하구나

외양간에 송아지 먹은 여물 되새김에
문풍지 풍경소리 이어지다 끊긴 밤

코가 시려 잠 못 드는 베갯잇 머리맡에
숭늉 얼어 목은 타는데
차가운 꿈길 건너 겨울이 어둡다

해 지는 고향

풀내음 소리
어드메 피어날 제
하늘 아래 저 산 분홍 저고리 빛나고
수줍은 듯 고개 숙인다

집집마다
청솔가지 밥 짓는 연기
눈 못 뜨고 눈물바다
뜸 들이며 자식 불러댄다

진한 흙탕물 종종색색 물들여진 바지자락에
그을린 까아만 얼굴은 천진난만하고
땅거미 몰래몰래 젖어 들고
저녁노을 살포 시 내리덮는다

손수건 몇 장 펼쳐진 논에는
개구리들의 잿빛 울음소리 요란하고
까만 저녁은 붉은 등잔불로 번지어
이 저녁을 비추어 잠재운다

잎새

두터운 껍질을 뚫고
처음 세상의 빛을 받았을 때
느끼진 못했지만
푸른 미소를 짓고 있었다

빛은 더욱 세상을 감싸는데
어두운 방안 구석에서
한숨 지으며 보낸다

벌레가 위안을 찾으며
지나간 자리엔
뚫어진 방울 자국들
바람이 새어들었다

떨어진 잎새는
녹아내린 눈물에 뒤엉켜
얼어붙고 있었다

희망이 흐른다

미루나무 흔들림에도
숨소리가 있고
창밖의 거리 풍경에도
웃음이 있다

깊은 바다 위
가느다란 물결도
파도쳐야 함은
새로운 날이 오기 때문이다

생활 속에 의미를 부여하는 건
삶의 목적에
커다란 이유가 된다

흔들림에 지친 내 모습도
보이지 않는 작은 희망이 존재하고 있다

웃자.
그리고 하늘을 보자
새로운 마음으로 모든 걸 다시 시작하자

파도 물결

길게 뻗은 백사장 바닷가를 바라본다
해초도 모래 위의 조개들도

여기저기 드러난 갈색 바위들도
밀물이 없을 것만 같아 고요하다

갑자기 바다가 큰 가슴을 펴면서
뚜렷하게 숨 쉬는 소리

조용하고 고요한 땅위로
미친 듯 으르렁거리며 파도가 몰려온다

모든 느낌과
갈망 사랑과
웃음 노래의 기쁨이
내게서 영영 떠나 버린 줄 알았는데

갑자기 먼 바다에서 으르렁거리며 오는 파도는

다시 한번 아름답고 가슴 벅찬

기쁨을 한꺼번에 싣고 온다

가슴에 쓰는 겨울 시

누구는 허공에 대고
시를 쓰고

누구는 종이 위에
시를 쓰고

누구는 휴대폰에
시를 쓰고

누구는 눈 위에
시를 쓰고

나는 십일 월 이십삼 일 가슴에
시를 쓴다

겨울에 고이고이 간직되는
나의 시를 쓴다

그런 사람이 그리워진다

아침에 눈 뜨자마자 잘 잤냐고
보고 싶다고 말할 줄 아는
가슴이 따뜻한 그런 사람

주말 나른한 시간 커피 한잔 마시며 살아가는 이야기 나누며
옛 사진 보며 감성 깊은 눈 맞추는 그런 사람

보고 또 보고 싶다고
귀엣말 속삭이며 편지 한 장 띄워줄 그런 마음 깊은 그런 사람

마음 온도가 따뜻하여 마주 잡은 손 놓지 않는 가슴 뜨거운
그런 사람이 그리워진다

제5부 삼행시

자전거/행복해

마침내/첫생일

무지개/꽃상추

지각생/반갑다

또바기/기상청

건전지/애국가

대기업/솔찬

교례회/축하해

안개속/설마리

칼국수/모꼬지

노동자/오월달

강원도/휴지통

멘토링/삼송역

일요일/김정영

자전거

자기하고 손잡으니
전기가 통하네.
거참 인생사 아리송해 난감하네.

행복해

행운이 따르고
복이 넘치고 따르면
해맑은 얼굴로 행복한 삶이 되겠지요.

마침내

마음이 울적할 때면

침울한 생각이 들면

내 마음 좋은 생각으로 바꾸어 긍정 에너지 만들어야지

첫 생일

첫 생일은 기억이 없고

생일도 먹고살기 바빠

일이 있을 때나 추억이 있을 때 했나?

무지개

무에서 유를 찾고자
지우고 또 지우고
개울가에 물장구치며 사랑방 삼행시 뿌듯하게 읽게 되네요

꽃상추

꽃은 아름다워
상스럽지 않고
추근거리지 않아서

지각생

지나간 날들을
각성해 보니
생각한 대로 살게 되고 운칠기삼이 맞는가 봐요.

반갑다

반가워요, 두 분 시인님
갑갑한 마음에 고민 많으셨네.
다~ 잘 될 거예요, 우리가 있으니까요.

또바기

또 한해가 시작되어 뜨는 해보며
바라는 것은 많아지고
기대가 클수록 실망도 크니 세월이 흐를수록 기대가 작아지니 속상하네!

기상청

기후를 보니 오늘도 눈이 내리고 내일도 내리고
상황을 보니 금년 들어 눈이 때때로 내리네.
청순한 어린 시절에는 눈이 좋았으나 이 나이에는 좋기도 하지만 눈 치우고 안전사고 걱정이 앞서 우울할 때도 있다

건전지

건방지면 안 돼
전혀 매력 없어
지금 바로 고쳐

애국가

애국하는 마음은
국가를 사랑하는 마음은
가정과 사회와 국가가 균형 성장이 요구되는 애국가.

대기업

대단하고 유능한 인재는
기업의 존폐를 가름하고
업무에 임하며 주인 정신이 있는 인재가 요구된다.

솔찬

솔가지 꺾어 검은 연기 속에 밥 짓던 어머니
찬거리 생각하며 밥 짓는 어머니 생각에 눈물이 돈다.

교례회

교례회의 시제가
례가 어렵군요
회 생각이 나는군요.

축하해

축하는 우리 마음을
하향 마음이 아닌
해석하는 마음에 따라 물결처럼 춤을 추네

안개속

안개인지 흐린 건지 수일째 흐리멍덩하네.
개운 하려면 화창한 유리 빛 날씨가 좋은데
속마음을 나도 모르는데 날씨 마음을 누가 알겠어요.

설마리

설마리 전투에서
마지막까지 자유 수호를 위하여
리단위인 설마리에서 전사한 영국군에 경의를 표합니다.

칼국수

칼칼하고 구수한
국수는 너무 좋아
수없이 먹어도 질리지 않으니 식성인가 봐요

모꼬지

모두 모두 일어나
꼬끼오 닭 우는 소리에
지금은 일하러 가야 할 시간

노동자

노동의 신성함은
동력을 창출하고
자생력을 높이며 삶의 질을 향상시킨다.

오월달

오월은 푸르른 달
월마다 다가오고
달성을 위한 푸르른 달로 살며시 긴장되네요.

강원도

강원도에는 산과 밭이 많았는데
원하는 관광사업 유치로
도로의 신규 확장으로 발전이 되고 있네

휴지통

휴지가 없다면
지금의 생활은 어떨까?
통째로 삶의 질은 날아간다.

멘토링

멘티를 거처 멘토가 되니
토요일도 없이 바쁘고 힘들어
링에서 멘토와 멘티가 만나 멘토링 되네

삼송역

삼송역은 어디쯤 있는지
송년은 다가와 술자리는 많아지고
역이름 탐색하며 찾아다니기 바쁘네

일요일

일요일이 제일 좋아
요일 중 주말인 일요일이 최고야
일요일 당신이 최고야 빨리 가지 마

김정영

김정영이라는 이름으로 삼행시를 쓰게 되어 좋고
정성들여 머리 짜며 잘하려고 하던 일들이 많이 떠 오르네.
영원히 갈 것 같던 어린 시절 꿈도 이제는 한계를 느끼는 한정
된 시간에 살며 추억이 되고 있다

제6부 사행시

삼사일언/천태만상
감정이입/노심초사
금시초문/인생역전
천하일미/금상첨화
화양연화/금란지교
함허동천/사필귀정
이심전심/일취월장
추풍낙엽/살생유택
백인삼성/기절초풍
일어탁수/허심틴회
산하풍월/삼인성호
낙화유수/근하신년

삼사일언

삼회이상 생각하여
사려 깊고 착한 마음으로
일언을 신중히 하여
언행을 조심하고 다름을 배려하자

천태만상

천지를 둘러봐도
태평한 나날은 없었고
만백성 살피고자
상황파악 하며 천태만상 잘 표현하세

감정이입

감정은
정을 메마르게 해
이성으로
입장 바꿔 해답 찾자

노심초사

노인의
심사는
초조하고
사랑이 생명 연장인가?

금시초문

금번에는
시를 쓰며
초롱초롱한
문장을 만들어봐요

인생역전

인간의 결정은
생각에 따라
역으로 후퇴냐
전으로 앞이냐 결정되요

천하일미

천하에
하고 싶은
일에서
미소 지으며 일하는 너

금상첨화

금방 생각한
상상의 나래는
첨단 무기와
화학물질로 경쟁국 되자

화양연화

화사한
양지쪽에
연분홍 꽃이
화려한 그대 닮았네

금란지교

금같이 단단하고
란제리 향기 이미지로
지속적인 우정의
교제로 금란지교 이루세

함허동천

함 사시오!
허리는 땅 바닥
동쪽이 아닌 서쪽으로
천장만 보고 있네

사필귀정

사람들이
필수적으로
귀하게 느끼는 것은
정이 넘쳤으면 좋겠다

이심전심

이 사람

심성과

전사람

심성을 합치니 시너지 효과 나타나네

일취월장

일생에서

취하는 날의 술을

월로 합하여 일생을 모으면

장독대의 어느 항아리 될까?

추풍낙엽

추석도 지나고
풍부한 곡식도 여물고
낙엽도 지고 있는데
엽서 한 장 기다려진다

살생유택

살려고
생업과 종사하다 보니
유수와 같이 흘러
택할 수 있는 범위 좁아졌네

백인삼성

백미터 달리기는
인간이 최단 시간에
삼사일언 신중함이
성공적인 단거리 척도이다

기절초풍

기가 막혀
절망적일때
초능력 발휘하는
풍성한 삶이 그리워진다

일어탁수

일찍이
어학을 공부하면
탁한 일상에
수정 같은 마음이 될 거야

허심탄회

허한
심정일 때
탄식하지 말고
회 한상 맛있게 드셔

산하풍월

산이 부르면
하늘도 답하고
풍경에 취해
월마다 오고 싶다

삼인성호

삼국지에 영웅도
인간적인 약점 있지만
성공한 이유는 서로 믿고
호기롭게 도전하며 살아가야 좋다네

낙화유수

낙엽 떨어지듯
화려했던 날들은 가고
유유히 흐르는 물처럼
수수한 마음으로 살아가자

근하신년

근심 걱정 모두 떨치고
하늘처럼 맑고 푸른
신바람 나는 일이 많고
년초부터 행복한 날 되기를 바랍니다

제7부 디카시

삶

숲속나무

한강

으뜸

물줄기

기둥

숲반영

조각상

역지사지

석양

시작이다

새한마리

사랑열매

함께

왜가리마음

빈둥지그리움

사랑

황혼노을

그대 모습

아우르다

삶

수십년동안

열심히 살았네

자라고 부러지고

꺽이고 하면서

노을 진 인생

쉼 호흡을 한다

숲속 나무

숲속 깊은곳 나무들 사이
바람의 노래가 속삭이며 지나가네
초록빛 잎사귀 하얀줄기 햇살이 춤추고
뿌리깊은 나무는 대지를 품었네

한강

한강물 흐르고
고여있지 않고 흐르고
한강작가의 문장도 흐른다
멈추지 않고 스며드는
마음속 강이 된다

으뜸

으뜸은 높이 보다 깊이
엉성함보다는 짜임이 있고
흔들려도 다시 서는
그 디카 으뜸으로 보이네

물줄기

힘차게 물길을 가네
돌을 감싸 안으며
부드럽게 흐르네
바다를 꿈꾸며
멀리 멀리 나아가네

기둥

묵묵히 서서

비바람을 견디고

사랑을 속사이며

하늘을 바친다

숲 반영

맑은 개울가에
잘 가꾸어진 숲
사람 마음 씻어 주고
숲을 반영하는 거울
맑은 개울 물

조각상

한 줌의 돌 속에
영혼을 새기고
정지된 순간속에
살아 숨쉬는 이야기

역지사지

위로도 보고
아래로도 보고
좌로도 보고
우로도 보고
중심도 보자

석양

석양아래 길어진 그림자
하루가 천천히 저문다
남은 온기만 품고 걷는다

시작이다

봄이 지나고 있다
내 마음도 흐른다
정처없는 이 세월
너도 나도 불안하다
탄핵인지? 기각인지?
경제도 힘들다

새 한 마리

물가에 외로운 새
맑은물에 반영되고
먹이는 잘 안보이고
마음이 바쁘네
좋은 날이 오겠지

사랑열매

땅속의 정기를 받은
아름다운 열매
누구나 사랑하는
너는 누구야
나도 갖고 싶어

함께

혼자면 외로울텐데
둘이 함께 하니
너 안에 나 있고
나 안에 너 있는
사이좋은 노랑꽃

왜가리 마음

고요한 물가에 서서

긴 목으로 바람을 읽는다

번뜩이는 눈빛 하나

물결속에 떨어진 달

빈둥지 그리움

빈둥지 그리움 담아
기다림은 텅빈 둥지에
스며 든 옛날의 추억 온기
빈다리에 번지는 그리움
미래에 펼칠 꿈을 본다

사랑

사랑은 말없이 피는 꽃
가슴 속 봄바람 되어
그대 눈빛 하나에도
세상이 다 환해진다

황혼 노을

황혼 노을 물든 하늘빛에

지나온 날들이 고요히 비친다

타오르다 스미는 그 빛처럼

인생도 그렇게 저물어 간다

그대 모습

푸르름 속에　정열의 꽃

누구를 위해　타오르나

가슴안의　그대에게

아우르다

물결이 바람을 감싸 안 듯
너의 숨결이 내 안에 번진다
서로 다른 하루를 안고서
조용히 마음을 아우른다

에필로그

에필로그

시집발간을 마무리하면서 詩를 읽어봤을 때, 마음속에 울림이 있다면, 뭔가 느낌이 있다면, 뭔가 고개가 끄덕여진다면, 공유 시인으로 보고 싶습니다. 한편 시인이 되기 전에 먼저 사람이 되겠다고 다짐을 해 봅니다. 늘 기도하는 마음으로 살아가야 좋은 시를 쓸 것으로 여겨집니다.

저자는 경영학 박사학위를 획득하고, 유한대학교 전임교수 역임을 하였습니다. 현재는 한국창업경영품질회 회장으로 활동하고 있으며, 대한민국 산업현장교수로 고용노동부 등 30여 공공기관의 NCS, K-Start UP, HRD, BSC 평가위원, 자문위원 등의 위촉위원 활동으로 수십 년간 활동하고 있습니다. 더불어 중소벤처기업부 비즈니스지원단 자문위원으로 중소기업지도 상담 및 자문활동을 하고 있습니다.

그리고 수년 전부터 삶의 과정에 빠르게 지나가는 계절과 인생사의 시를 쓰고 싶은 욕구가 생겨 시를 써나갔으며 월드비전 전국 공모전에 참가하여 큰 상을 받기도 하고, 문학 모임이나 단체와 교류하게 되면서, 시화전에 시를 출품하고, 여러 차례 신문에 게재되곤 하였습니다.

불어닥친 급격한 인생 라이프 사이클 변동은 인생을 잘살고 있는 것인지에 대한 회의감과 갈등이 생겨 어려움을 겪고 있을 때, 더불어 외로움을 달래고 새로운 꿈을 찾아가는 과정에서 시를 만나게 되었다는 것은 행운이었습니다. 그렇습니다. 시를 쓰면 잡념도 없어지고 상상의 나래를 펼 수도 있었고 슬픔도 잠시 잊을 수 있었습니다. 더불어 詩에 대한 관심도 높아지면서 詩를 더 읽고 쓰게 되었습니다.
따라서 시집을 공저 포함 5번째 발간하게 된 동기가 되었습니다.

삶이 늘 향기가 나는 건 그대 안에 희망이 있기 때문이라고 봅니다. 별이 바라는 향기의 삶으로 살아야겠다고 다짐을 해 봅니다.

2025. 6. 20
시인 우담 김정영

시인 **김정영 프로필**

우담 **김정영**/ 시인 · 경영학 박사 · 교수

■**학력 및 군 경력**

- 건국대학교 대학원 벤처전문기술학과 졸업(경영학 박사)

- 서강대학교 MBA 졸업(석사)

- 연세대학교 경영대학원 경영학과 국제경영 연구수료

- 서울대학교 의과대학 건강리더 최고위과정 수료

- 국립 충북대학교 졸업(학사 : 대한민국ROTC장교 전역)

■**현직 및 경력**

현직

- 한국창업경영품질회 회장

- 대한민국산업현장 교수(고용노동부 위촉/ HRD 6기, 14기)

- 대한민국 명장, 기술사 면접심사위원

- 중소벤처기업부 비즈니스지원단 자문위원

- 고용노동부, 한국산업인력공단 평가위원, 심사위원

경력

- 유한대학교 산업경영과 전임교수
- 남서울대학교 유통학과 겸임교수
- KT&G 그룹 (영진약품주식회사 감사팀장)
- 뉴바이오주식회사 전무, ㈜앞선세상 부대표 및 상임고문
- 신용보증기금 경영지원 위원
- 지식경제부 기술표준원 서비스품질 평가위원
- 중소기업청 경영·기술 지도위원
- 한국산업인력공단 인력개발체제 심사위원장
- 부천시청 제안서 평가위원장 외 다수

사회활동 경력

- 대한민국ROTC중앙회 부회장
- 문학신문 자문위원, 문학사랑신문 자문위원
- 대한민국지식포럼 경영부회장, 경영고문
- (사)국제라이온스 캠퍼스위원장(354-B지구 임원)
- (사)한국선진물류정책연구원 본부장(임원)
- 서강대 MBA 기획부회장
- 건국대 벤처전문기술학과 석,박사 MT회장
- 대한민국ROTC중앙회 123학군단 상임위원 및 회장
- 대한민국산업현장교수 공단 서울남부지사협의회 사업국장

■ **논문 및 저서**

- 균형성과 도입이 중소벤처기업의 경영성과에 미치는 영향 실증적 연구(박사논문)
- 의약품의 OTC 유통에 대한 연구(석사논문)
- 의약품의 OTC 유통에 대한 연구2(학술지 게재)
- 저서/『알기 쉬운 마케팅 이해(2010)』
  『E-Business의 핵심마케팅(2005)』
  『중소기업의 전략적 성과관리(BSC, 실무(2009)』
  『노동부, 한국산업인력공단 직무분석 및 훈련프로그램 개발』(2009 공저) 외 다수
- 시집/『잊혀지는 별』(2021) 삼행시(2024), 사행시(2025)

■ **수상 및 자격증**

- 중소벤처기업부 장관상(2020년)
- 산업통상자원부 장관상(2016년)
- 지식경제부 장관상(2011년)
- 월드비전 세계시민학교 창작공모전 우수지도자상 수상(2012)
- 영진약품주식회사 우수관리자상(회장상)
- 국제라이온스협회 공로대상(354-B지구)
- 국민행복여울문학상 시 부문 대상(2021)
- (사)대한미협 작가 특별상

- 작가100인 초대전 특별상 수상(2022)
- 대한민국지식포럼 공로상(작가패), 대지문학 문학상 수상
- 육군지휘관상
- 소상공인진흥원(현 소상공인진흥공단) 금상 외 다수
- 경영지도사, ISO인증심사원, 중등교원자격증, BSC자격증, 과학기술인 자격증, 문학예술인(시인)

■국가 사회 공헌명부 인물(김정영) 등재

- 현대한국인물사(2021. 한국민족정신진흥회 등재)
- 대한민국ROTC중앙회(2011. 공헌인명부 등재)
- 한국인사명감(1997. 국가상훈편찬회 등재)
- 국가인재DB중앙인사위원회 (2005. 등재)
- 한국을 움직이는 인물들 (1998. 중앙일보사 등재)

잊혀지는 향기

초판인쇄 | 2025년 6월 18일
초판발행 | 2025년 6월 20일

지은이 | 김정영
펴낸이 | 김병선
펴낸곳 | 도서출판book소리
출판사등록 | 2012년 5월 9일 제301-2012-099호)
주　소 | 서울특별시 중구 을지로20길 20
전　화 | 02-2261-1102
이메일 | babookbs@hanmail.net
ISBN | 979-11-988975-2-7

ⓒ 김정영 2022
본 책은 저작자의 지적 재산으로서 무단 전재와 복제를 금합니다.
책값은 뒤표지에 있습니다. 잘못된 책은 구입하신 곳에서 교환해 드립니다.